사랑할 수밖에 없는 곰,
패딩턴

사랑할 수밖에 없는 곰, 패딩턴

초판 1쇄 발행 2023년 8월 1일

글 마이클 본드 | **그림** 페기 포트넘 | **옮긴이** 이진경
펴낸이 김두엄 | **펴낸곳** 상상의힘 | **편집** 박은혜 | **디자인** Hey Yoon
인쇄 등록 제2015-000021호(2010년 10월 19일)
주소 07208 서울시 영등포구 선유로49길 23 아이에스비즈타워 2차 1503호
전화 02-3667-1618
블로그 sangsanghim.tistory.com | **전자우편** ssh_publ@naver.com
인스타그램 @ssh_publ
ISBN 978-89-97381-87-6 07840

Originally published in the English language in Great Britain by HarperCollins Children's Books, a division of HarperCollinsPublishers Ltd., under the title:
HOW TO BE MORE PADDINGTON: A BOOK OF KINDNESS

Text copyright © The Estate of Michael Bond 1958-2020
Illustrations copyright © Peggy Fortnum and HarperCollinsPublishers Ltd 1958-2020
Colour illustrations adapted by Mark Burgess from the originals by Peggy Fortnum

Korean translation copyright © 2023 by Sang-Sang-Eui-Him Publishing House
Korean translation rights arranged with HarperCollinsPublishers Ltd through EYA Co.,Ltd

이 책의 한국어판 저작권은 EYA Co.,Ltd를 통해 HarperCollinsPUblishers Ltd와
독점 계약한 상상의힘 주식회사가 소유합니다.

저작권법에 의하여 한국 내에서 보호를 받는 저작물이므로 무단 전재와 무단 복제를 금합니다.

사랑할 수밖에 없는 곰, 패딩턴

마이클 본드 글 | 페기 포트넘 그림 | 이진경 옮김

다정다감한 곰 이야기

"이 세상에 너 같은 곰이
더 많았으면 좋겠어."

차 례

패딩턴처럼 다정하게 ... 9

패딩턴처럼 순수하게 ... 23

패딩턴처럼 베풀며 ... 35

패딩턴처럼 감사하며 ... 45

패딩턴처럼 사려 깊게 ... 61

패딩턴처럼 예의 바르게 ... 75

패딩턴처럼 긍정하며 ... 83

패딩턴처럼 지혜롭게 ... 97

패딩턴처럼 되기 ... 109

작가이기에 정말 좋은 점은 결코 혼자가 아니라는 사실입니다. 작가가 창조해 낸 인물은 작가와 함께 이 세상 곳곳을 다니며, 필요할 때면 언제나 작가에게 손을 내밀어 주기도 한답니다. 인생을 살아가면서 그만한 위안도 없을 것입니다.

  저는 패딩턴을 친구로 둘 수 있어 얼마나 행운인지 모릅니다. 내게 꼭 맞는 친구이자 스승을 얻은 것과도 같아요. 패딩턴의 머릿속은 비록 구름 위를 떠다니지만 발은 단단히 땅을 딛고 서 있으며, 옳고 그름에 대한 분명한 생각을 지니고 있어요. 그래서 문제에 부딪혔을 때 저는 종종 패딩턴이라면 어떻게 했을까 생각해 보곤 한답니다. 그리고 마음속에 그의 조언을 새겨 두지요.

마이클 본드
2008년

패딩턴처럼
다정하게

"브라운 부인은 내게 달린 꼬리표를
찬찬히 읽었어요.
'이 곰을 보살펴 주세요. 고맙습니다!'
읽자마자 부인은
나를 집으로 데려가야겠다고 말했어요."

패딩턴처럼 다정하게 · · · 11

"하루나 이틀만 지나면
브라운 씨의 따뜻한 가정으로
가게 될 거예요.
그렇지만 조금 더 늦게 가도
괜찮을 듯싶어요.
왜냐하면 여기서도 *아주 행복하거든요.*"

"우리는 모두
네가 이 가족의 구성원이 되길
바란단다."

패딩턴처럼 다정하게 · · · 15

"빵 한 조각,
코코아 한 잔을 앞에 두고 나누는
멋진 대화와 비교할 수 있는 것은
아무것도 없어요."

"'어려울 때 친구가 진짜 친구다'라는 옛말에는 많은 진실이 담겨 있어요."

패딩틴처럼 다정하게 · · · 19

"브라운 씨네 아이들은
사람들을 서로 더 가깝게 만드는
묘한 재주가 있어요."

패딩턴처럼 순수하게

"사람들은 저마다
착하다는 것을 달리 생각해요.
그렇지만 패딩턴은 말뜻 그대로
착한 곰 같아요."

패딩턴처럼 순수하게 · · · 25

"하는 일마다 항상 문제가 생겨요.
난 그렇게 생겨 먹은 곰인가 봐요."

패딩턴처럼 순수하게 · · · 27

패딩턴은 늘 뭔가를 해 주겠다고
먼저 말해요.
결과는 거의 언제나 끔찍하지만.

패딩턴처럼 순수하게···79

"곰들은 물건을 고쳐 쓰는 데 재주가 있다니까요."

패딩턴처럼 순수하세 ... 31

"난 네가 **최선을 다했다**는 걸 믿어.
그리고 **잘하려고 했다**는 것도.
그 두 가지가 삶에서
가장 중요한 거야."

패딩턴처럼 베풀며

"기꺼이 나서는 손발은
일을 가볍게 만들어요."

패딩턴은 언제나 그루버 아저씨와
함께 있는 걸 좋아했어요.
패딩턴은 종종 가게 일을 돕기도 했어요.

"패딩턴과
함께 있는 동안에는
무슨 일이 생겨도
배고플 일만큼은 없을 거예요."

패딩턴처럼 베풀며 · · · /서

"무엇을 도와 드릴까요?
곰들은
샌드위치를 잘 만들어요."

패딩턴처럼 감사하며

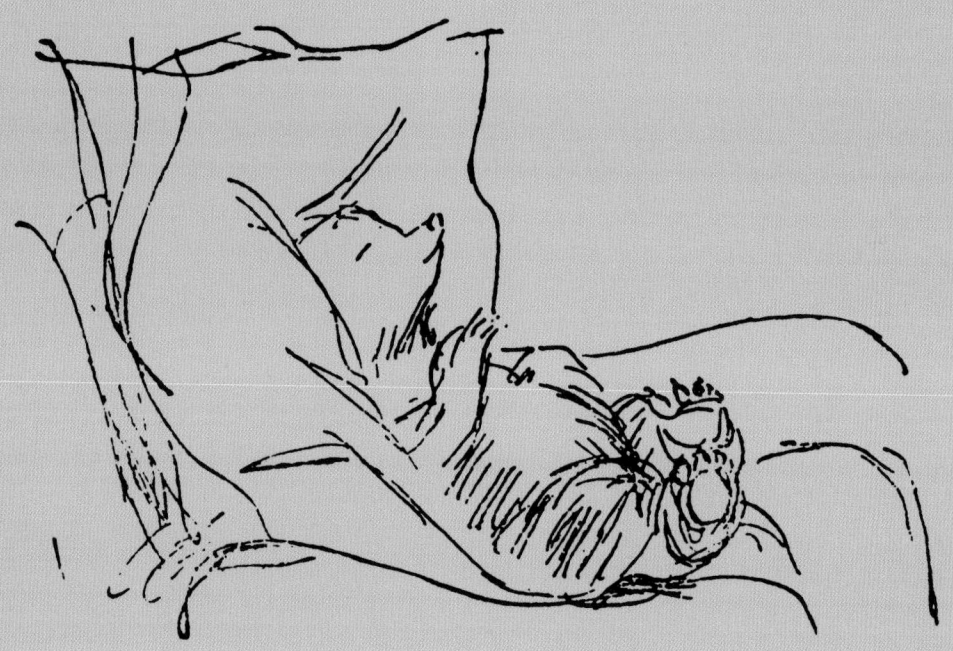

패딩턴은
곰다워지기 위해
또 브라운 씨 가족과 함께 살기 위해
필요로 하는
모든 착한 일의 목록을
적어 나가기 시작했어요.
목록은 아주 길어져서
거의 종이가 모자랄 지경이 되었어요.

"난 앞으로 감사한 마음 없이는
코코아를 마시지 않을 거예요. 절대로!"

패딩턴은
자신이 **얼마나 고마워하는지**를 보여 주기 위해
속에 든 것을 말끔히 먹어 치운 다음
유리병을 티끌 하나 없이 깨끗하게 씻었어요.

패딩턴은 작은 막대 폭죽을 흔들어
글씨를 썼어요.
그루버 아저씨,
좋은 곳으로 데려와 주셔서 고맙습니다.
그걸 알아차린 사람은 그루버 아저씨뿐이었지만
그것만으로 정말 충분했답니다.

"루시 이모는
자신이 받은 행운을 헤아려 보라고
가르쳤어요.
그것이 이모가 아침에 일어나서 하는
맨 첫 번째 일이었어요.
이모는 네가 가졌다고 생각하는 것보다
더 많은 것을 가지고 있다는 말을
열 번 중에 아홉 번을 말하고는 했어요."

"잠들기 전에 받은 것 말고도
나는 내가 받은 행운을 항상 헤아리고 있어요.
받은 게 너무 많아
내일은 시간이 부족할지도 몰라요."

"우린 종종
우리에게 **가장 의미 있는 것들**을
당연하게 여기고는 해요.
그건 우리에게는, 특히 곰에게는
절대 있을 수 없는 일이에요."

패딩턴은 눈을 감으며
아주 만족스러운 한숨을 내쉬었어요.
곰인 게 좋아.
특히 패딩턴이란 이름의 곰인 게.

패딩턴처럼 사려 깊게

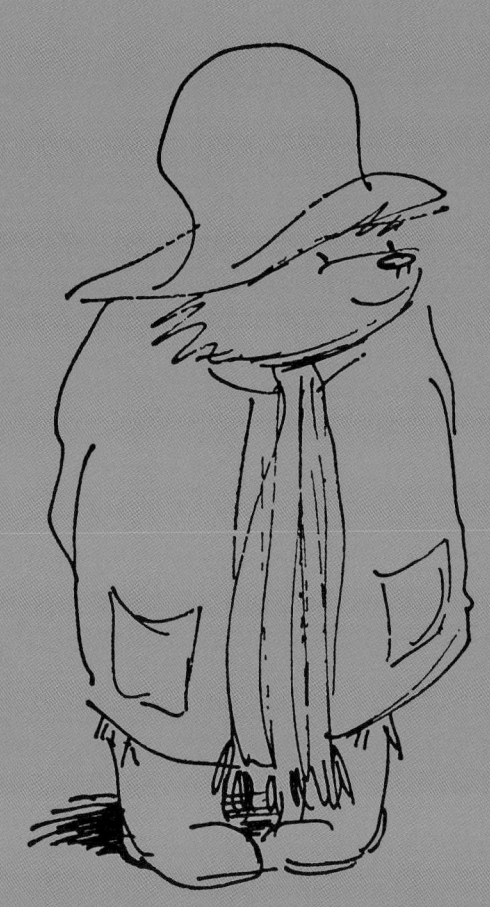

"8월에는 루시 이모의 생일이 있어요.
이모는 **항상**
꽃이 세상을 환하게 해 준다고 말해요.
나는 이모 침대맡에 둘 수 있는
꽃 그림을 선물하면 좋겠다고 생각했어요."

패딩턴은 다른 사람들이 볼 수 있게
접시를 들어 보였어요.
"다시 사용할 수 있도록
깨끗하게 싹싹 핥아 먹었어요."

패딩턴처럼 사러 깊게 … 65

"내 생각엔 여왕님을 위해서라면
꽃 몇 송이 정도는
꺾어도 되지 않을까요."

패딩턴은
자신이 받은 선물 중 가장 마음에 드는 것을
나누어 주길 좋아했어요.

패딩턴처럼 사려 깊게 · · · 69

패딩턴은
아무도 몰래 샌드위치를 만들었어요.
"드시고 싶으면 드세요.
지지난 주에 제가 직접 만든 거예요."

"오전 간식 시간이면
항상 **내 빵을 반으로 쪼개서**
그루버 아저씨와 나눠 먹어요."

패딩턴처럼 예의 바르게

"루시 이모는 쇼핑을 하러 나가서는
'**부탁드려요**', '**고마워요**'라고
늘 말하라고 내게 가르쳤어요.
그리고 아는 사람을 만나면
모자를 벗으라고도 했어요."

패딩턴처럼 예의 바르게 … 77

"이 근위병은 너무 잘 해서
교대해 줄 필요가 없다는 생각이 들어요."

패딩턴은 "도와줘요!"라고 소리치려고 했어요.
그런데 처음에는 **누군가를 방해하고 싶지 않아서**
나지막한 목소리로 말했어요.
그런 다음 조금 크게,
그러다 마침내
"도와줘요! 도와줘요!"
마구 소리를 질렀어요.

패딩턴처럼 긍정하며

힘든 일이 아주 많은 날이었지만
패딩턴은
모든 일이 그럴 만한 가치가 있는 일이었기에 기뻤어요.
비록 깨끗이 치워야 할 것투성이였지만.

패딩턴은
새로운 일이라면 무엇이든
하길 좋아하는 곰이었어요.
아니면 적어도
자신이 새롭게 느끼는 일이라면 말이에요.

자신이 쓸모 있는 존재가 되기도 하고
동시에 그 때문에 대가를 받는다는 생각은
아주 좋은 생각인 것 같아요.

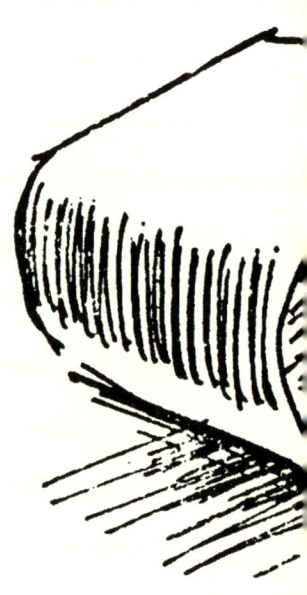

패딩턴은
무슨 일이든 대충대충 하는 것을
좋아하는 곰이 아니었어요.

패딩턴은
밝은 면을 봐야 한다는 말을 믿었어요.
만약 벽지를 제대로 잘 바르기만 한다면,
그러느라 더럽힌 것들을
사람들이 알아채지도 못할 것이라 생각했어요.

"그루버 아저씨, 소풍 가는 건
제가 정말 좋아하는 일이에요!"
패딩턴은 이렇게 말하면서
가방에서 마멀레이드 잼을 꺼내
샌드위치를 만들기 시작했어요.

패딩턴처럼 지혜롭게

패딩턴은
여러모로 놀라운 곰이었어요.
특히 패딩턴은
옳고 그름에 대한 명확한 판단을
지니고 있었어요.

패딩턴처럼 지혜롭게 · · · 99

"루시 이모는 정말 지혜로워요.
만약 그렇지 않았다면
내가 어찌 여기 있을 수 있겠어요.
그것뿐이 아니에요.
내가 알고 있는 모든 건 이모가 가르쳐 준 것들이에요."

"뛰어오르기 전에 한 번 더 살펴봐.
특히 비가 오는 날에는."

"**현명한** 곰이라면
땅바닥에 빵을 떨어뜨리기 전에
버터 바른 쪽이
어딘지를 알고 있어야 해."

"급할수록
속도를 더 줄여 봐.
그 발로 탈 때는 특히 더."

패딩턴처럼 되기

패딩턴은
무슨 일에나 꼭 필요한 존재가 되었어요.
패딩턴이 없는 삶은
상상할 수도 없을 만큼.

"루시 이모는
내가 잊지 않도록 이모의 사진을 줬어요.
물론 난 절대 잊지 않을 거예요.
그리고 **어디를 가든**
그 사진을 꼭 가지고 다녀요."

"평일에 침대에서
아침을 먹는다는 건
네가 아주 특별한 존재라는 뜻이야!"

"패딩턴의 몸은
끈적거릴 수밖에 없어요."

"버드 부인은
내가 금과 같이 소중한 존재라고 말했어요.
그걸 알게 되어 너무나 기뻤지요.
그래서 며칠 전에는
목욕탕 체중계로 몸무게를 재어 봤어요."

패딩턴처럼 되기 · · · 119

"난 이 모든 일이
패딩턴에게만 일어난 것인지,
아니면 모든 곰들이
이런 행운의
별에서 태어나는지 궁금해요!"

"자, 이제
'패딩턴은 유쾌하고 다정한 곰돌이'라는
노래를 다 같이 불러요."

패딩턴처럼 되기 · · · 123

"집에 곰이 있다는 건
정말 멋진 일이에요."

다음 생―만약 그런 것이 있다면―에는 곰으로 태어나는 것도
좋을 것 같아요.
물론 패딩턴 같은 곰이 될 수만 있다면요!

마이클 본드
2008년